Impressum
Verlag: BABADADA GmbH, Nedderfeld 112 , 22529 Hamburg
Geschäftsführer / Verlagsleitung: Harald Hof
Druck: Books on Demand GmbH, In de Tarpen 42, 22848 Norderstedt

Imprint
Publisher: BABADADA GmbH, Nedderfeld 112 , 22529 Hamburg, Germany
Managing Director / Publishing direction: Harald Hof
Print: Books on Demand GmbH, In de Tarpen 42, 22848 Norderstedt

1

škola
shule

učionica
sajili

dijeliti
kugawanya

186/2

školsko dvorište
eneo la shule

tabla
ubao

učitelj, nastavnik
mwalimu

papir
karatasi

pisati
kuandika

olovka
kalamu

pisaći sto
dawati

lenjir
rula

knjiga
kitabu

učenik
mwanafunzi

torba
mkoba

pernica
kikasha cha penseli

drvena olovka
penseli

šiljalo za olovke
kichonga penseli

gumica
mpira

blok za crtanje
pedi ya kuchora

crtež

uchoraji

kist

brashi ya rangi

kutija s bojama

sanduku la rangi

makaze

mkasi

ljepilo

gundi

vježbanka

daftari

domaća zadaća

kazi ya nyumbani

broj

nambari

sabirati

jumlisha

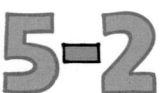

oduzimati

ondoa

množiti

zidisha

računati

kokotoa

slovo

barua

abeceda

alfabeti

riječ

neno

tekst

maandishi

čitati

kusoma

kreda

chaki

sat

somo

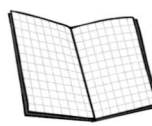

školski dnevnik

sajili

ispit

uchunguzi

svjedočanstvo

cheti

školska uniforma

sare za shule

izobrazba

elimu

leksikon

elezo

univerzitet

chuo kikuu

mikroskop

darubini

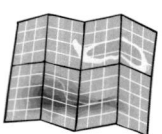

karta

ramani

korpa za papir

kikapu cha kuweka karatasi chafu

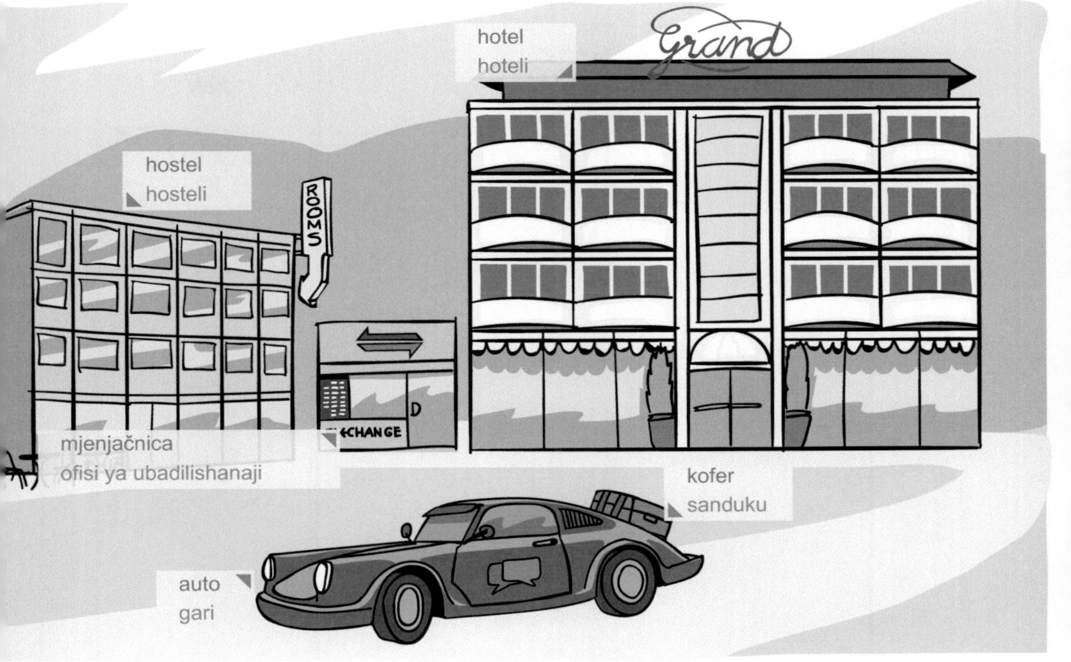

hotel
hoteli
Grand
hostel
hosteli
ROOMS
mjenjačnica
ofisi ya ubadilishanaji
kofer
sanduku
auto
gari

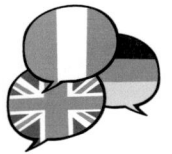

jezik

lugha

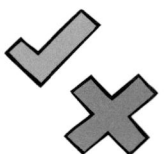

da / ne

ndiyo / la

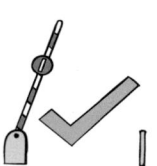

okej

sawa

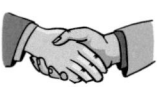

zdravo

hujambo

tumač

mtafsiri

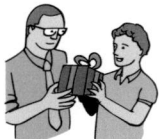

hvala

Asante

Koliko košta...?

kiasi gani ni ...?

Ne razumijem

Sielewi

problem

tatizo

dobro veče!

Jioni njema!

Dobro jutro!

Habari za asubuhi!

Laku noć!

Usiku mwema!

doviđenja

kwa heri

smjer

mwelekeo

prtljag

mizigo

torba

mfuko

ruksak

shanta

gost

mgeni

soba

chumba

vreća za spavanje

begi la kulalia

šator

hema

turističke informacije

taarifa ya utalii

plaža

ufuo

kreditna kartica

kadi

doručak

kifunguakinywa

ručak

chakula cha mchana

večera

chakula cha jioni

putna karta

tiketi

lift

kuinua

poštanska markica

muhuri

granica

mpaka

carina

mila

ambasada

ubalozi

viza

visa

pasoš

pasipoti

transport
usafiri

avion
ndege

brod
meli

vatrogasno vozilo
injini ya moto

autobus
basi

kamion
lori

motorní čamac
motaboti

biciklo
baiskeli

auto
gari

trajekt
feri

brod
mashua

motocikl
pikipiki

policijski automobil
gari la polisi

trkaći automobil
gari la mashindano

unajmljeni automobil
gari la kukodisha

8

transport - usafiri

kar-šering

kushiriki gari

pauk

lori la kuvuta

smećarsko vozilo

ukusanyaji taka

motor

motor

gorivo

mafuta

benzinska pumpa

kituo cha mafuta

saobraćajni znak

ishara trafiki

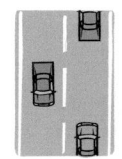

saobraćaj

trafiki

zastoj

msongamano

parking

maegesho

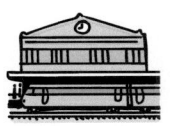

željeznička stanica

kituo cha treni

šine

reli

voz

garimoshi

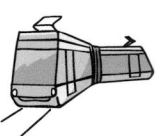

tramvaj

tremu

vagon

gari la mizigo

helikopter	aerodrom	toranj
helikopta	uwanja wa ndege	mnara

putnik	kontejner	karton
abiria	chombo	katoni

tačke	korpa	poletjeti / sletjeti
mkokoteni	kikapu	ondoka

grad
jiji

selo	centar grada	kuća
kijiji	katikati ya jiji	nyumba

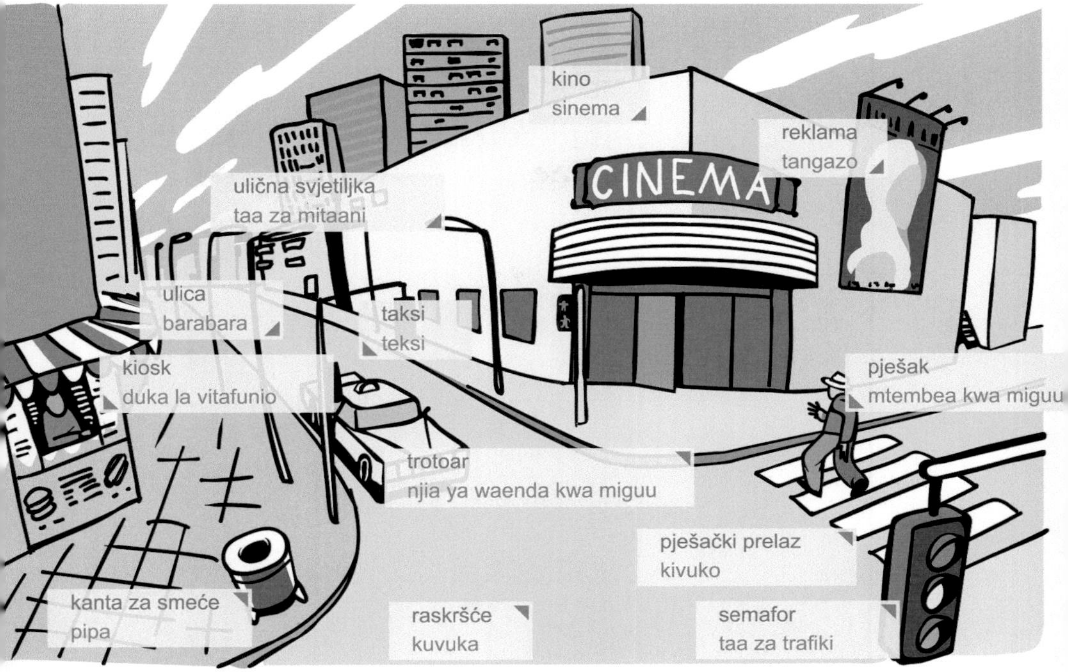

kino
sinema

reklama
tangazo

ulična svjetiljka
taa za mitaani

CINEMA

ulica
barabara

taksi
teksi

kiosk
duka la vitafunio

pješak
mtembea kwa miguu

trotoar
njia ya waenda kwa miguu

pješački prelaz
kivuko

kanta za smeće
pipa

raskršće
kuvuka

semafor
taa za trafiki

koliba
kibanda

stan
gorofa

željeznička stanica
kituo cha treni

vjećnica
ukumbi wa mji

muzej
Makavazi

škola
shule

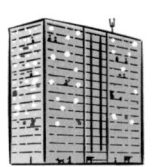

univerzitet

chuo kikuu

banka

benki

bolnica

hospitali

hotel

hoteli

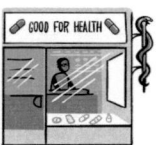

apoteka

duka la dawa

ured

ofisi

knjižara

duka la kitabu

radnja

duka

cvjećara

duka la maua

supermarket

dukakuu

pijaca

soko

robna kuća

idara ya kuhifadhi

prodavač ribe

mwuza samaki

trgovački centar

kituo cha ununuzi

luka

bandari

park
Hifadhi

klupa
benki

most
daraja

stepenice
vidato

podzemna željeznica
chini ya ardhi

tunel
handaki

autobuska stanica
kituo cha mabasi

bar
bar

restoran
mgahawa

poštanski sandučić
sanduku la posta

saobraćajni znak
ishara ya barabara

sat za naplatu parkinga
mita ya maegesho

zološki vrt
bustani ya wanyama

bazen
kidimbwi cha kuogelea

džamija
msikiti

seosko imanje

shamba

zagađenje okoline

uchafuzi

groblje

makaburini

crkva

kanisa

igralište

uwanja wa michezo

hram

hekalu

krajolik

mazingira

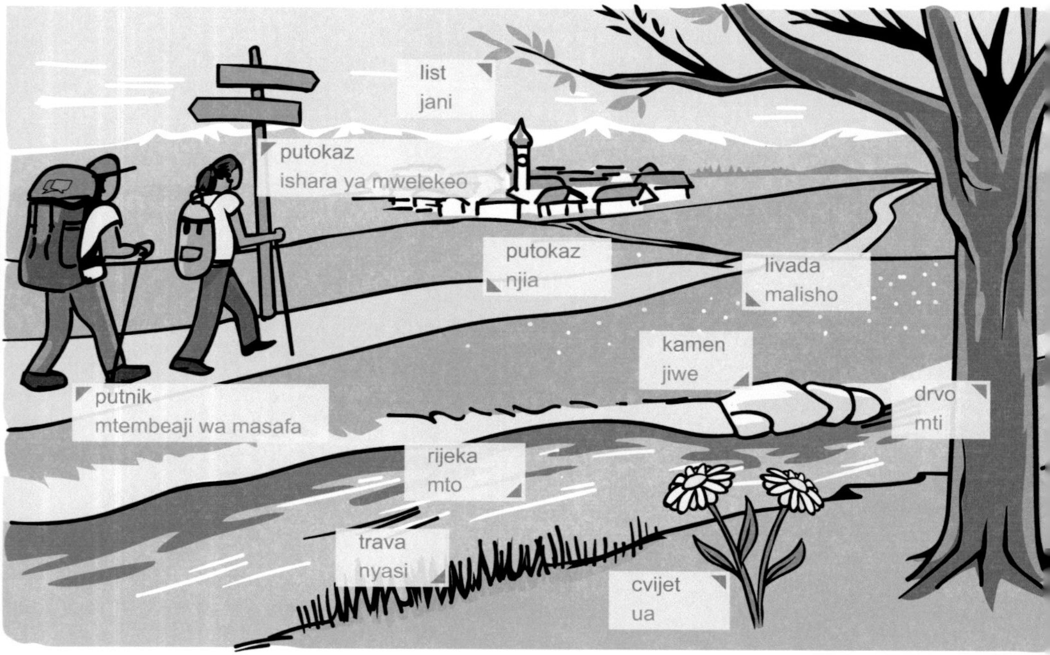

list
jani

putokaz
ishara ya mwelekeo

putokaz
njia

livada
malisho

kamen
jiwe

putnik
mtembeaji wa masafa

drvo
mti

rijeka
mto

trava
nyasi

cvijet
ua

dolina

bonde

brdo

kilima

jezero

ziwa

šuma

msitu

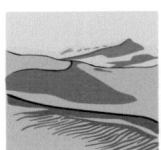

pustinja

jangwa

vulkan

volkano

dvorac

ngome

duga

upinde wa mvua

gljiva

uyoga

palma

mtende

komarac

mbu

muha

kuruka

mrav

chungu

pčela

nyuki

pauk

buibui

buba

mende

žaba

chura

vjeverica

kuchakuro

jež

nungunungu

zec

sungura

sova

bundi

ptica

ndege

labud

swan

divlja svinja

nguruwe mwitu

jelen

kulungu

los

aina ya kongoni

brana

bwawa

vjetrenjača

tabo ya upepo

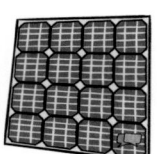

solarni modul

nishaji ya jua

klima

hali ya hewa

restoran
mgahawa

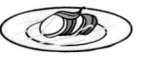

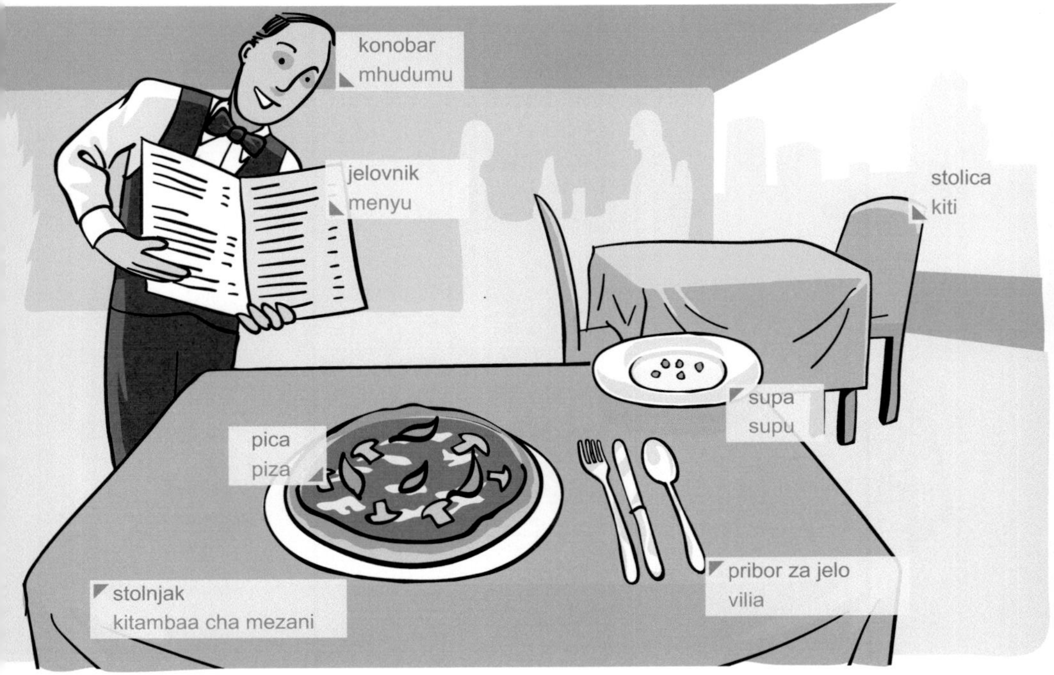
konobar
mhudumu
jelovnik
menyu
stolica
kiti
supa
supu
pica
piza
pribor za jelo
vilia
stolnjak
kitambaa cha mezani

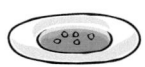

predjelo

kiamsha hamu

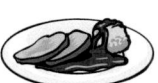

glavno jelo

kozi kuu

desert

kitindamlo

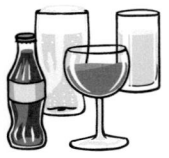

piće

vinywaji

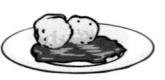

jelo

chakula

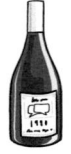

flaša

chupa

brza hrana

chakula cha haraka

jelo sa ulice

Streetfood

čajnik

buli

šećernica

kisanduku cha sukari

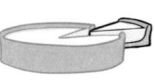

porcija

sehemu

mašina za espreso

mashine ya espresso

barska stolica

kiti kirefu

račun

muswada

tacna

trei

nož

kisu

viljuška

uma

kašika

kijiko

kašičica

kijiko cha chai

salveta

nepi

čaša

glasi

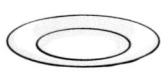

tanjir

sahani

tanjir za supu

sahani ya supu

tanjurić

sufuria

sos

mchuzi

solanik

kichanyaji chumvi

mlin za biber

kinu cha pilipili

sirće

siki

ulje

mafuta

začini

viungo

kečap

kechapu

senf

haradali

majoneza

kachumbari nzito

supermarket

dukakuu

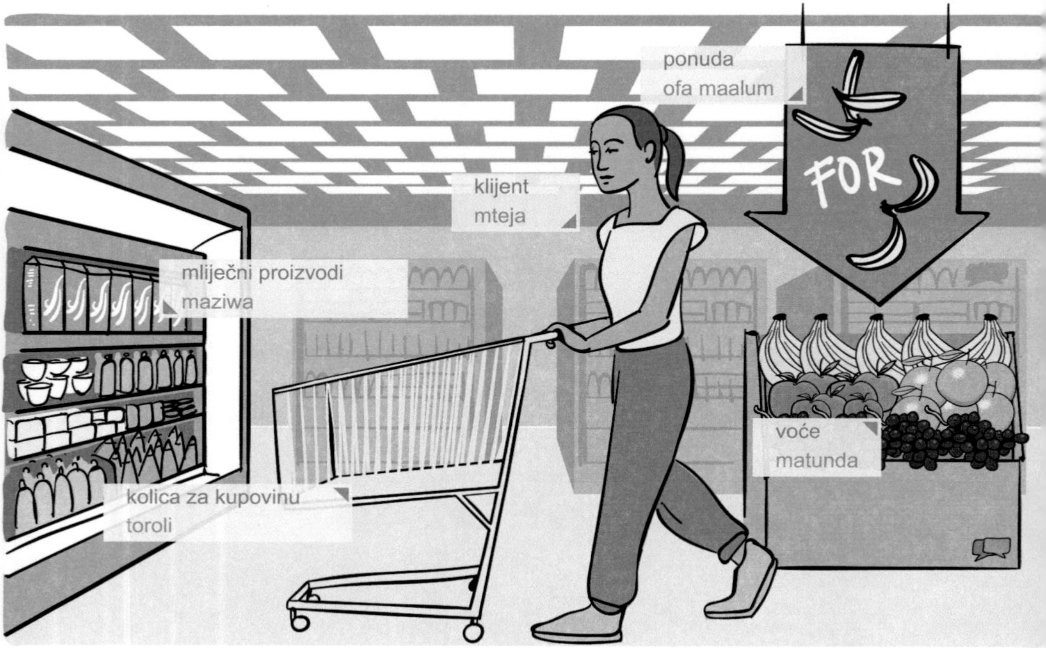

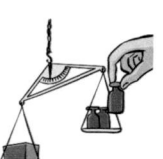

ponuda
ofa maalum
FOR
klijent
mteja
mliječni proizvodi
maziwa
voće
matunda
kolica za kupovinu
toroli

BUTCHERS

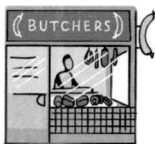

mesnica- klaonica

mchinjaji

BAKERY

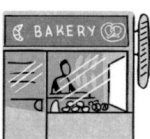

pekara

mwokaji

vagati

uzito

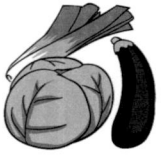

povrće

mboga

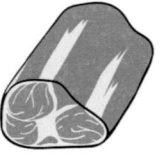

meso

nyama

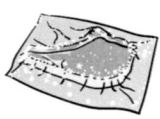

zaleđena hrana

chakula waliohifadhiwa

narezak

vipande vya nyama baridi

konzerve

chakula cha kopo

prašak za veš

sabuni ya unga

slatkiši

pipi

kućanski proizvodi

bidhaa za kaya

sredstvo za čišćenje

bidhaa za kusafisha

prodavačica

mtu mauzo

kasa

mpaka

blagajnik

keshia

lista za kupovinu

orodha ya manunuzi

radno vrijeme

masaa ya ufunguzi

novčanik

mkoba

kreditna kartica

kadi

torba

mfuko

najlonska vrećica

mfuko wa plastiki

voda

maji

sok

sharubati

mlijeko

maziwa

kola

coke

vino

mvinyo

pivo

bia

alkohol

pombe

kakao

kakao

čaj

chai

kafa

kahawa

espreso

spreso

kapućino

kapuchino

banana

ndizi

jabuka

tufaha

narandža

machungwa

lubenica

tikiti

limun

lemon

mrkva

karoti

bijeli luk

kitunguu saumu

bambus

mianzi

crveni luk

kitunguu

gljiva

uyoga

orašasti plodovi

karanga

pasta

nudo

špagete

spageti

riža

mpunga

salata

saladi

pomfrit

vibanzi

pečeni krompir

viazi vya kukaanga

pica

piza

hamburger

hambaga

sendvič

sandwichi

šnicla

kipande

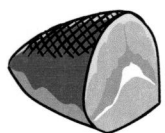

šunka

paja la mnyama

kobasica

salami

kobasica

soseji

kokoš

kuku

pečenje

choma

riba

samaki

zobene pahuljice

oats ya uji

muzli

muesli

kornfleks

cornflakes

brašno

unga

kroason

kroisanti

zemičke

andazi

kruh

mkate

tost

mkate wa kubanika

keksi

biskuti

maslac

siagi

svježi sir

maziwa mgando

kolač

keki

jaje

yai

jaje na oko

yai kukaanga

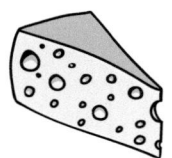

sir

jibini

sladoled

aiskrimu

šećer

sukari

med

asali

marmelada

jemu

nugat krema

kuenea kwa chokoleti

kuri

mchuzi wa viungo

seoska kuća
nyumba ya kilimo

sjenik
ghalani

bale sjena
majani bale

polje
uwanja

konj
farasi

prikolica
trela

ždrijebe
mtoto

traktor
trekta

magarac
punda

ovca
kondoo

jagnje
mwanakondoo

koza
mbuzi

krava
ng'ombe

tele
ndama

svinja
nguruwe

prase
mwananguruwe

bik
fahali

guska

batabukini

patka

bata

pile

kifaranga

kokoška

kuku

pjetao

jogoo

pacov

panya

mačka

paka

miš

panya

vol

ng'ombe

pas

mbwa

pseća kućica

nyumba ya mbwa

crijevo za baštu

bomba la bustani

kanta za zalijevanje

debe la kumwagilia maji

kosa

fyekeo

plug

kulima

srp

mundu

motika

jembe

vile

uma wa nyasi

sjekira

shoka

tačke

toroli

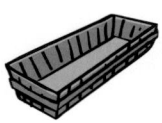

korito

kupitia nyimbo

bokal za mlijeko

chombo cha maziwa

vreća

gunia

ograda

ua

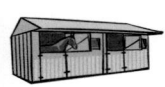

štala

imara

staklenik

chafu

tlo

udongo

sjeme

mbegu

đubrivo

mbolea

kombajn

kivunaji

kositi

mavuno

žetva

mavuno

jam korijen

viazi vikuu

pšenica

ngano

soja

soya

krompir

viazi

kukuruz

mahindi

uljana repica

rapa

drvo voća

mti wa matunda

manioka

muhogo

žito

nafaka

kuća

nyumba

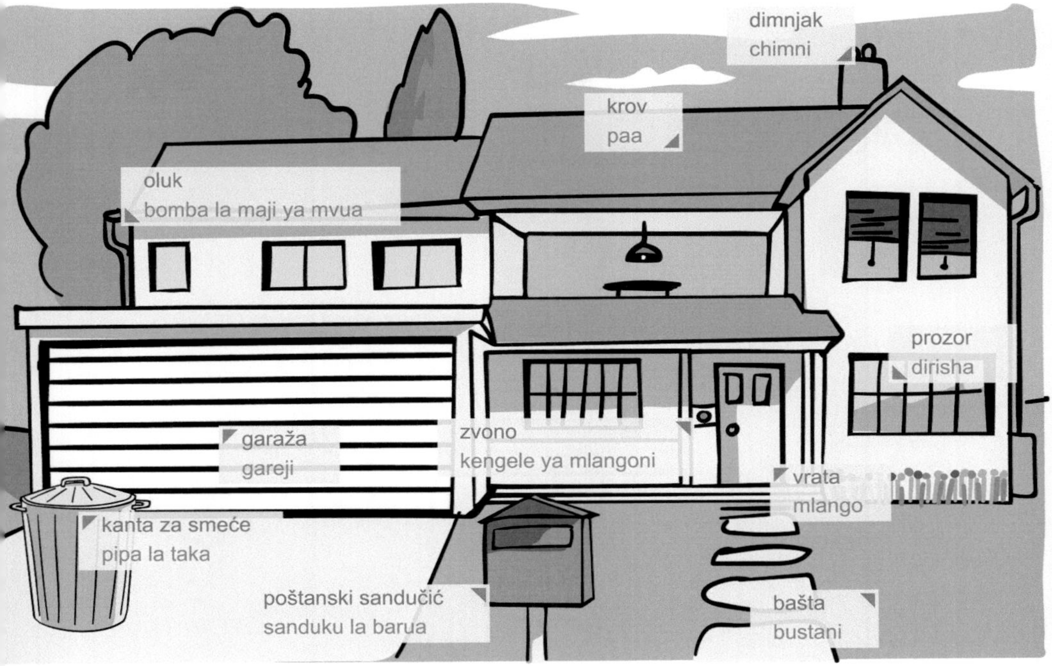

dimnjak
chimni

krov
paa

oluk
bomba la maji ya mvua

prozor
dirisha

garaža
gareji

zvono
kengele ya mlangoni

vrata
mlango

kanta za smeće
pipa la taka

poštanski sandučić
sanduku la barua

bašta
bustani

dnevni boravak

sebuleni

kupatilo

bafu

kuhinja

jikoni

spavaća soba

chumba cha kulala

dječija soba

chumba ya mtoto

trpezarija

chumba cha kulia

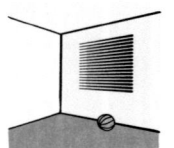

pod, tlo

sakafu

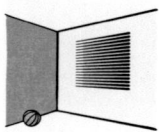

zid

ukuta

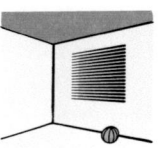

plafon

dari

podrum

pishi

sauna

sauna

balkon

roshani

terasa

mtaro

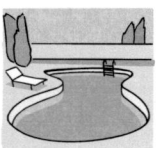

bazen

kidimbwi

kosilica

mashine ya kukata nyasi

posteljina

karatasi

pokrivač

kitambaa cha kupamba
kitanda

krevet

kitanda

metla

ufagio

kanta

ndoo

prekidač

kubadili

dnevni boravak
sebuleni

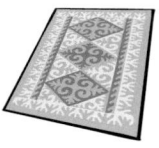

tapeta
mandhari
fotografija
picha
lampa
taa
polica
rafu
ormar
kabati
televizija
televisheni/runinga
dimnjak
mekoni
cvijet
ua
jastuk
mto
kauč
sofa
vaza
chombo cha maua
daljinski upravljač
kitenzambali

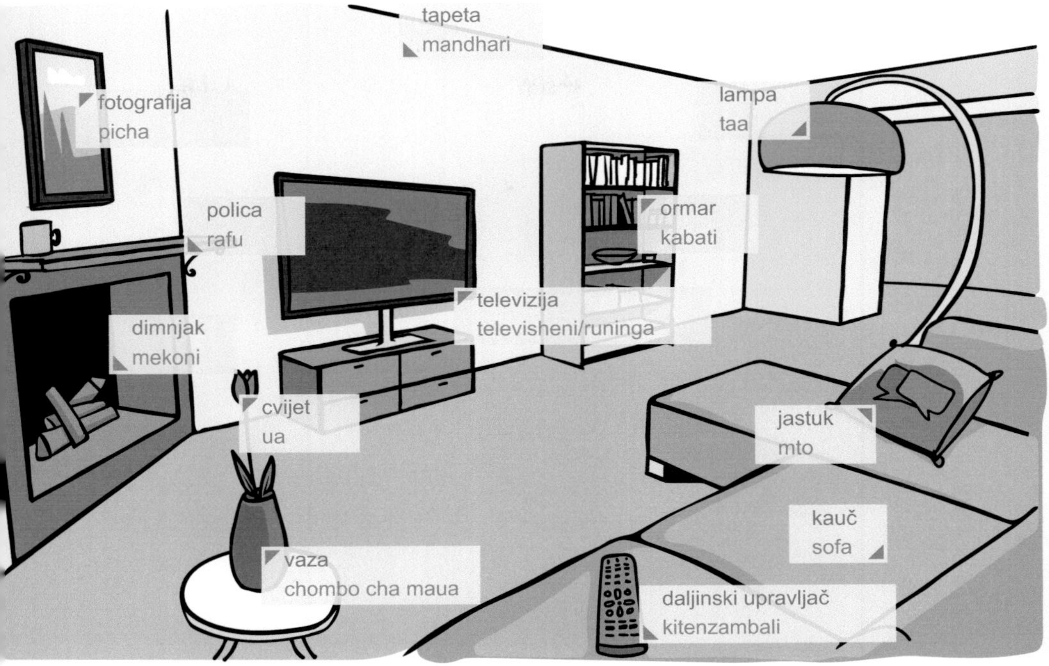

tepih

zulia

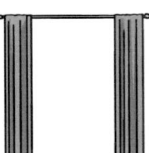

zavjesa

pazia

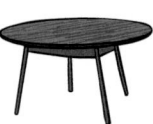

stol

meza

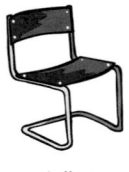

stolica

kiti

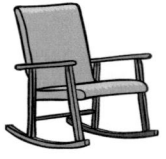

stolica za ljuljanje

kiti cha bembea

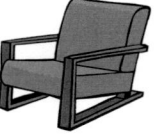

fotelja

armchair

knjiga
kitabu

deka
blanketi

dekoracija
mapambo

ložno drvo
kuni

film
filamu

stereo uređaj
kifaa cha hi-fi

ključ
ufunguo

novine
gazeti

umjetnička slika
uchoraji

poster
bango

radio
redio

blok za bilješke
daftari

usisavač
kifyonza

kaktus
dungusi kakati

svijeća
mshumaa

kuhinja
jikoni

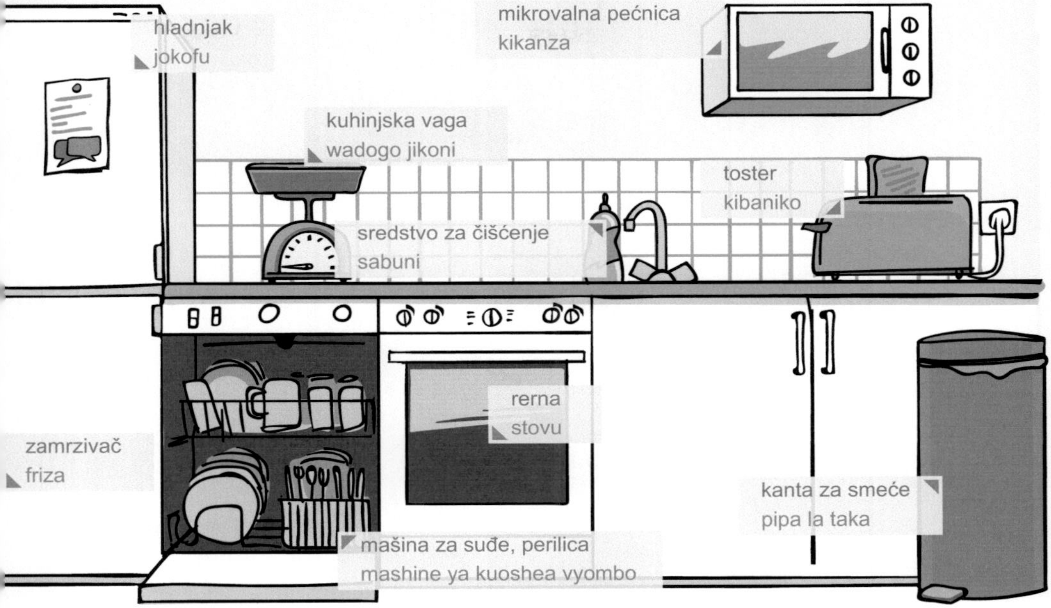
hladnjak
jokofu
mikrovalna pećnica
kikanza
kuhinjska vaga
wadogo jikoni
toster
kibaniko
sredstvo za čišćenje
sabuni
rerna
stovu
zamrzivač
friza
kanta za smeće
pipa la taka
mašina za suđe, perilica
mashine ya kuoshea vyombo

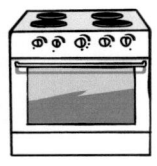

peć

jiko la kupika

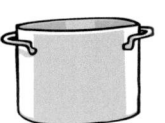

lonac

chungu

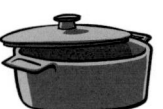

metalni lonac

sufuria ya chuma

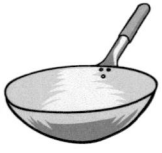

vok / kadai

wok / kadai

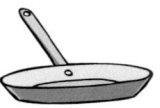

tava, tiganj

kaango

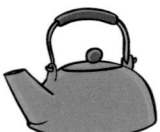

kuhalo

birika

aparat za kuhanje na pari

stima

lim za pečenje

sinia ya kuoka

posuđe

vyombo vya udongo

šalica

kombe

činija

bakuli

kineski štapići

vijiti vya kulia

kutlača

ukawa

lopatica

mwiko mpana

metlica za snijeg bjelanjca

burashi

sito za kuhanje

kichujio

sito

chujio

ribež

mbuzi

avan s tučkom

chokaa

roštilj

barbeque

ložište

moto wazi

daska

ubao wa majaribio

oklagija

kijiti cha kusukuma unga

vadičep

kizibuo

konzerva

kopo

otvarač za konzerve

inaweza kopo

krpe za lonac

kishikio cha chungu

sudoper

karo

četka

brashi

spužva

sifongo

mikser

kisagaji matunda

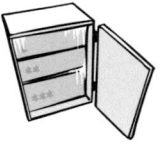

zamrzivač

friji ya kina

flašica za bebu

chupa ya mtoto

slavina

bomba

kupatilo
bafu

tuš
mfereji wa kuogea

grijanje
joto

peškir
taulo

zavjesa za tuš
pazia la kuogea

pjenušava kupka
maji ya kuoga yenye povu

kada
hodhi

čaša
glasi

mašina za veš
mashine ya kuosha

slavina
bomba

pločice
vigae

dječja kahlica
poti

sudoper
karo

toalet

choo

čučavac

choo cha squat

bide

beseni la mviringo

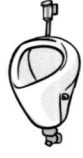

pisoar

choo cha umma

toalet papir

shashi

četka za wc

brashi ya choo

četkica za zube

mswaki

pasta za zube

dawa ya meno

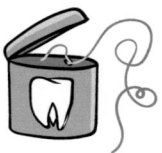

zubni konac

dawa ya meno

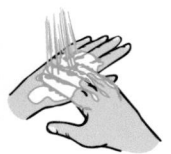

prati

safisha

tuš

kuoga mkono

intimni tuš

msukumo wa maji

lavor

bonde

četka za leđa

mpako wa pili

sapun

sabuni

gel za tuširanje

jeli ya kuogea

šampon

shampuu

krpe za pranje

flana

odvod

toa maji

krema

krimu

dezodorans

kiondoa harufu

ogledalo

kioo

ogledalo za šminkanje

kioo mkono

brijač

kinyozi

pjena za brijanje

povu la kunyoa

vodica poslije brijanja

baada ya kunyoa

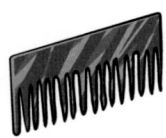

češalj

kichana

četka

brashi

fen

kikausha nywele

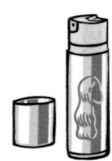

sprej za kosu

marashi ya nyewele

puder

vipodozi

karmin

kidomwa

lak za nokte

varnish ya msumari

vata

pamba

makazice za nokte

mkasi wa kucha

parfem

manukato

kozmetička torbica

mkoba wa kuosha

hoklica

kinyesi

vaga

mizani

kupaći ogrtač

nguo ya kuoga

rukavice za čišćenje

glavu za mpira

tampon

kisodo

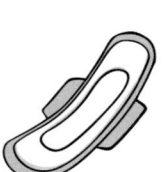

uložak za dame

sodo

hemijski toalet

kemikali choo

dječija soba
chumba ya mtoto

budilnik
saa ya kengele

plišana igračka
kidoli cha kupakata

auto za igru
gari bandia

zvečka
kelele

kućica za lutke
chumba cha midoli

poklon
sasa

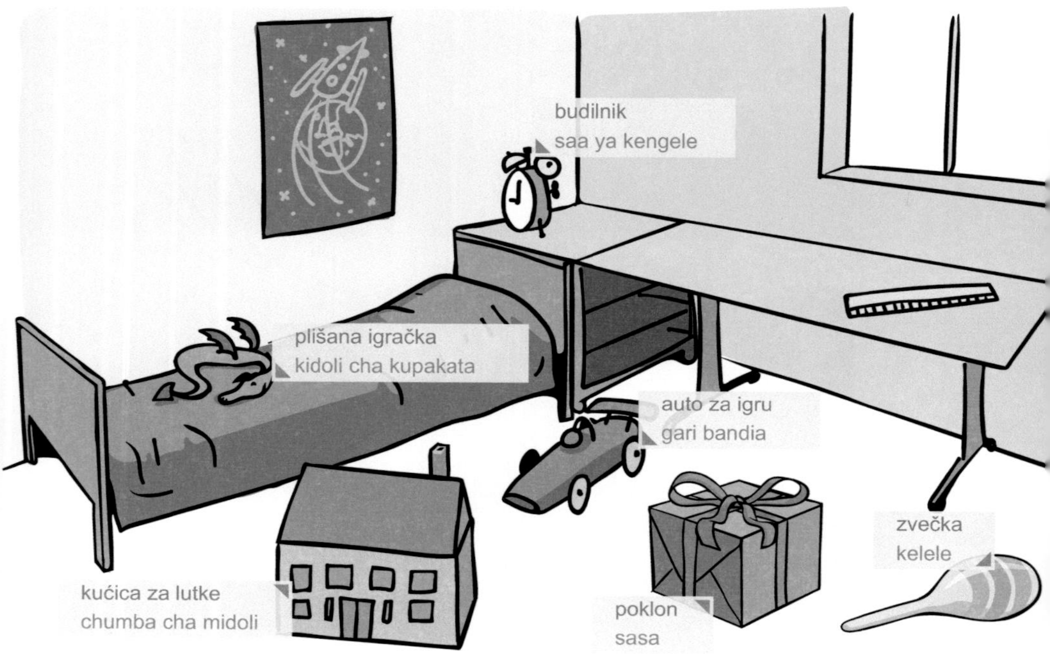

balon
baluni

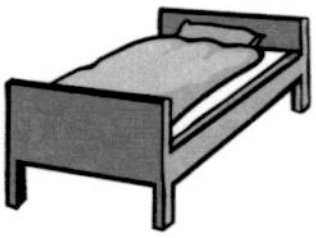

krevet
kitanda

kolica za djecu
mashua

karte za igranje
staha ya kadi

puzle
mchezo-fumb

strip
vichekesho

42   dječija soba - chumba ya mtoto

lego kockice

matofali lego

kockice za gradnju

vitalu mwigo

akcione figure

hatua takwimu

benkica

suti ya kulalia

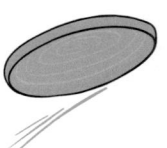

frizbi

kisahani

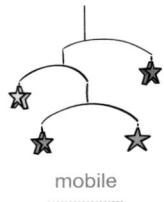

mobile

simu

igra na ploči

ubao wa michezo

kocka

kete

miniatura željeznice

garimoshi mwigo

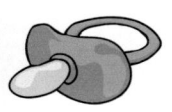

cucla

dummy

zabava

chama

slikovnica

picha kitabu

lopta

mpira

lutka

kikaragosi

igrati

kucheza

pješćanik
shimo la mchanga

ljuljačka
bembea

igračke
vitu bandia

konzola za igru
kiweko cha video ya mchezo

triciklo
baiskeli ya magurudumu
matatu

medvjedić
mwanasesere

ormar
kabati

odjeća
nguo

kratke čarape
soksi

čarape
stokingi

hulahopke
kibano

šal
skafu

kišobran
mwavuli

majica kratkih rukava
fulana

kaiš
ukanda

čizme
viatu

papuče
ndara

patike
wakufunzi

sandale
malapa

cipele
viatu

gumene čizme
mabuti ya mpira

gaće
suruali ya ndani

grudnjak
sidiria

potkošulja
fulana

bodi

mwili

hlače

suruali

farmerke

dangirizi

suknja

sketi

bluza

blauzi

košulja

shati

džemper

vuta

majica

sweta

sako

bleza

jakna

jaketi

mantil

koti

kišni mantil

koti la mvua

kostim

maleba

haljina

gauni

vjenčanica

mavazi ya harusi

odijelo

suti

spavaćica

vazi la usiku

pidžama

pajama

sari

sari

marama

skafu

turban

kilemba

burka

burka

kaftan

kaftan

abaja

abaya

kupaći kostim

vazi la kuogelea

kupaće gaće

vazi la kiume la kuogelea

kratke hlače

kaptura

trenerka

teitei

pregača

aproni

rukavice

glavu

dugme

kifungo

naočare

glasi

narukvica

bangili

ogrlica

mkufu

prsten

pete

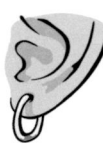

naušnica

herini

kapa

kofia

vješalica

kiango cha koti

šešir

kofia

kravata

tai

patentni zatvarač

zipu

kaciga

kofia

tregeri za hlače

kanda za suruali

školska uniforma

sare za shule

uniforma

sare

podbradak

bibu

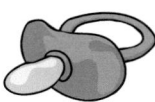

cucla

dummy

pelene

nepi

ured
ofisi

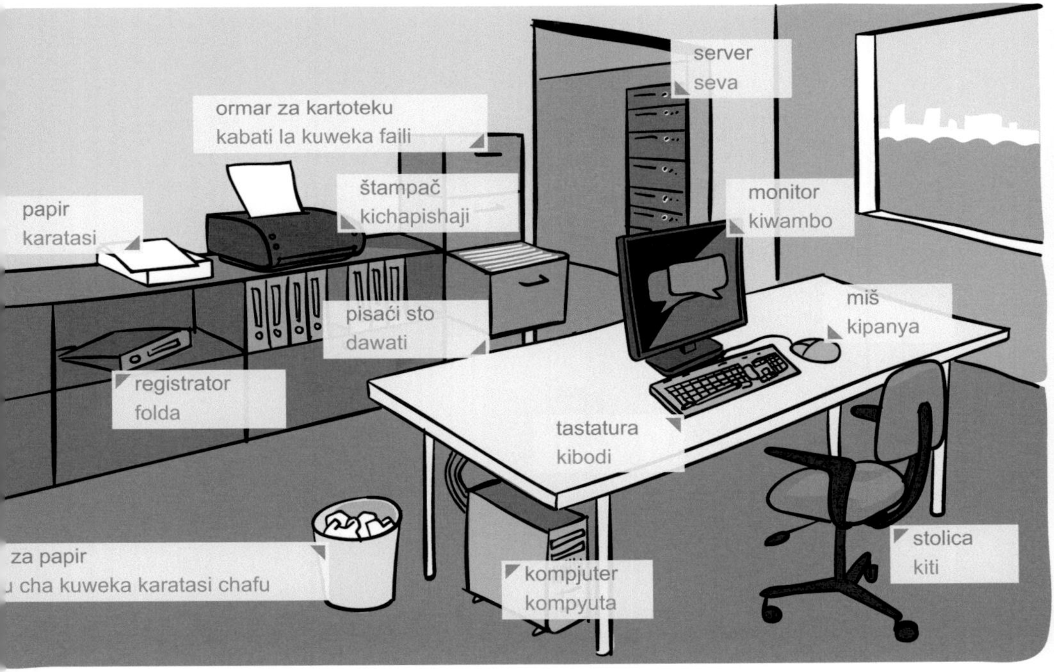

server
seva

ormar za kartoteku
kabati la kuweka faili

štampač
kichapishaji

monitor
kiwambo

papir
karatasi

miš
kipanya

pisaći sto
dawati

registrator
folda

tastatura
kibodi

stolica
kiti

za papir
u cha kuweka karatasi chafu

kompjuter
kompyuta

šolja za kafu

kmobe la kahawa

kalkulator

kikokotoo

internet

biashara

laptop

mbali

pismo

barua

poruka

ujumbe

mobilni telefon

rununu

mreža

intaneti

aparat za kopiranje

fotokopia

softver

programu

telefon

simu

utičnica

soketi

faks

kipepesi

formular

fomu

dokument

hati

kupovati

kununua

platiti

kulipa

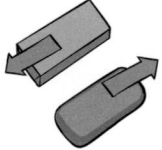

trgovati

biashara

novac

fedha

dolar

dola

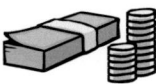

euro

yuro

jen

yeni

rublja

rouble

franak

faranga ya Uswisi

renminbi jen

renminbi yuan

rupi

rupia

bankomat

eneo la kulipia

mjenjačnica

ofisi ya ubadilishanaji

zlato

dhahabu

srebro

fedha

nafta

mafuta

energija

nishati

cijena

bei

ugovor

mkataba

porez

kodi

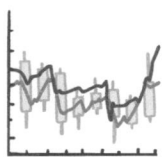

akcija

bidhaa

raditi

kazi

službenik

mfanyakazi

poslodavac

mwajiri

fabrika

kiwanda

radnja

duka

zanimanja
kazi

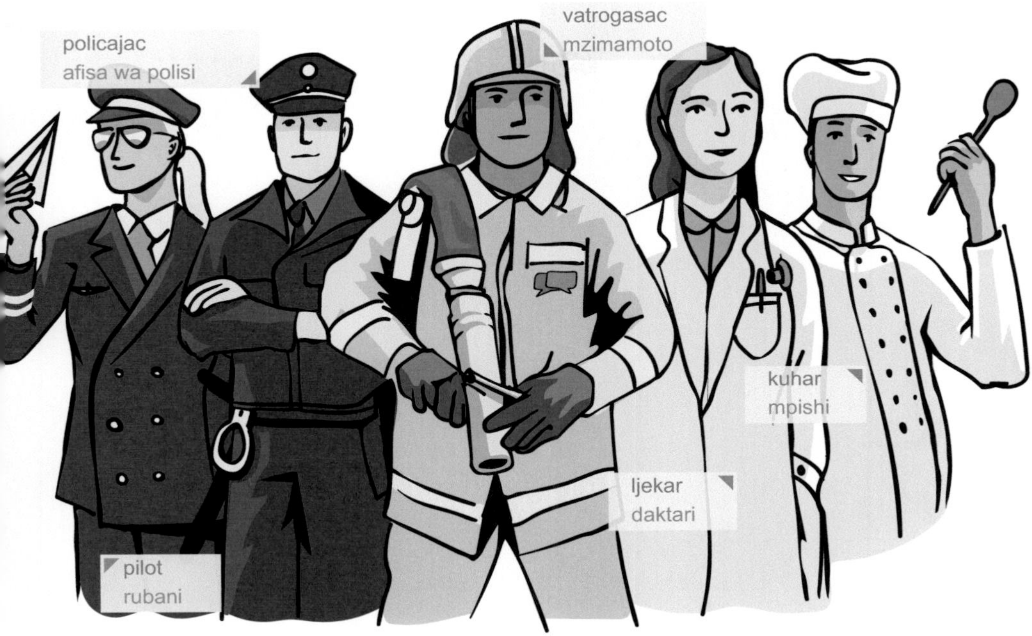
policajac
afisa wa polisi
vatrogasac
mzimamoto
kuhar
mpishi
ljekar
daktari
pilot
rubani

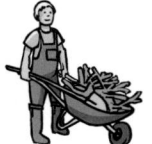

baštovan

mtunza bustani

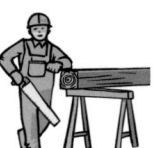

stolar

seremala

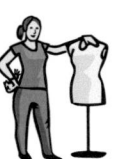

krojačica

mshonaji

sudija

hakimu

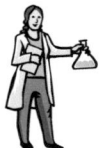

hemičar

mwanakemia

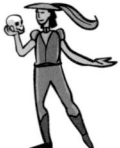

glumac

muigizaji

vozač autobusa

dereva wa basi

vozač taksija

dereva wa teksi

ribar

mvuvi

čistačica

mwanamke wa kusafisha

krovopokrivač

mwezekaji

konobar

mhudumu

lovac

mwindaji

moler

mchoraji

pekar

mwokaji

električar

umeme

građevinski radnik

mjenzi

inženjer

mhandisi

koljač

mchinjaji

limar, vodoinstalater

fundi bomba

poštar

mwanaposta

vojnik

mwanajeshi

arhitekta

msanifu majengo

blagajnik

keshia

cvjećar

muuza maua

frizer

msusi

kontrolor

kondakta

mehaničar

mekanika

kapiten

nahodha

zubar

daktari wa meno

naučnik

mwanasayansi

rabin

rabbi

imam

imamu

monah

mtawa

sveštenik

kasisi

alat

zana

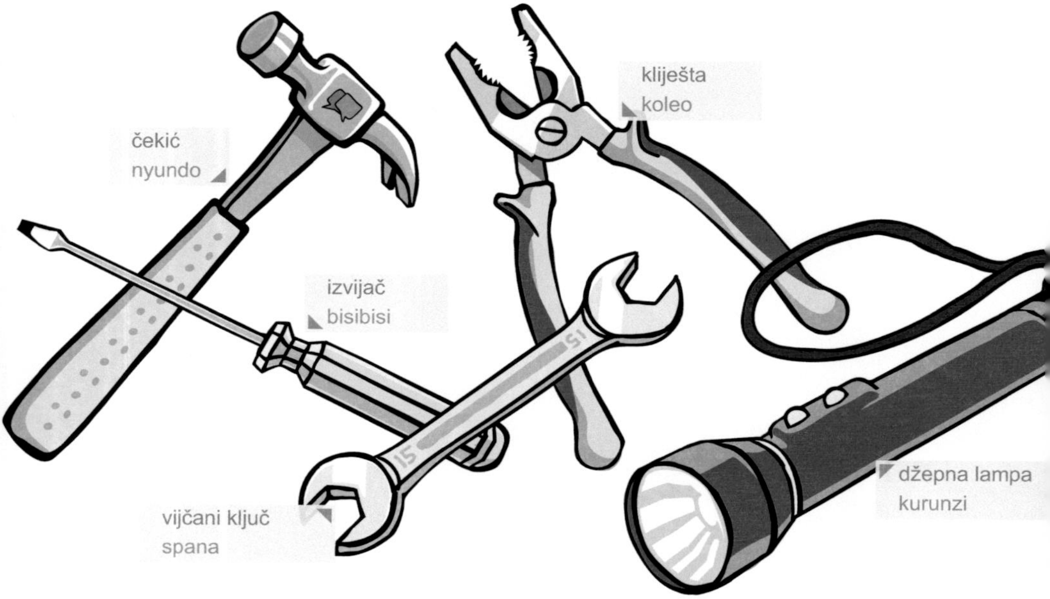
čekić
nyundo
kliješta
koleo
izvijač
bisibisi
vijčani ključ
spana
džepna lampa
kurunzi

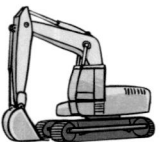

bager

mchimbaji

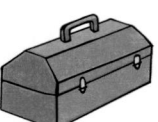

kutija sa alatom

sanduku la vifaa

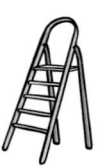

ljestve

ngazi

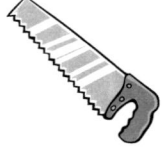

testera, pila

msumeno

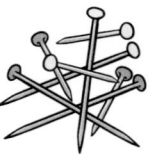

ekser

misumari

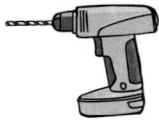

bušilica

kuchimba visima

popraviti

kukarabati

lopata

sepetu

sranje!

Lo!

lopatica

kishikio cha uchafu

kanta boje

chungu cha rangi

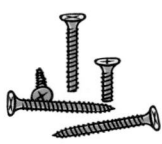

vijak

skurubu

muzički instrumenti
ala za muziki

zvučnik
spika

bubnjevi
mpangilio wa ngoma

kontrabas
besi mara mbili

truba
tarumbeta

gitara
gita

klavir

piano

violina

fidla

bas

ubeji

bubanj timpani

timpani

bubanj

ngoma

sintisajzer

kibodi

saksofon

saksafoni

flauta

filimbi

mikrofon

maikrofoni

zološki vrt

bustani ya wanyama

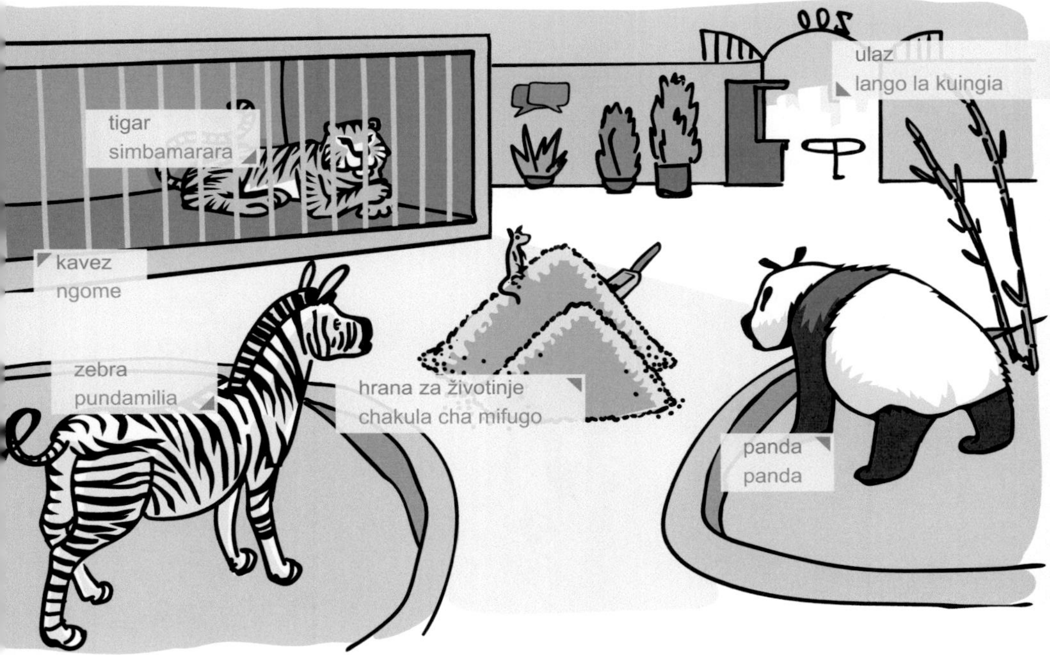

ulaz
lango la kuingia
tigar
simbamarara
kavez
ngome
zebra
pundamilia
hrana za životinje
chakula cha mifugo
panda
panda

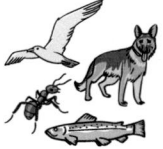

životinje

wanyama

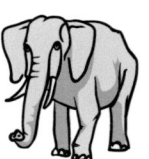

slon

tembo

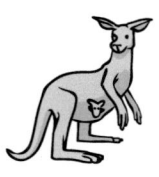

kengur

kangaruu

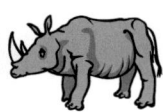

nosorog

kifaru

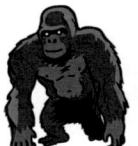

gorila

sokwe

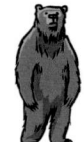

medvjed

dubu

kamila

ngamia

noj

mbuni

lav

simba

majmun

tumbili

flamingo

heroe

papagaj

kasuku

polarni medvjed

dubu

pingvin

penguini

morski pas

papa

paun

tausi

zmija

nyoka

krokodil

mamba

čuvar u zološkom vrtu

mtunza wanyama

tuljan

muhuri

jaguar

jaguar

poni

mwanafarasi

leopard

chui

nilski konj

kiboko

žirafa

twiga

orao

tai

divlja svinja

nguruwe mwitu

riba

samaki

kornjača

kobe

morž

sili

lisica

mbweha

gazela

paa

americki fudbal
soka ya marekani

vožnja bicikla
uendeshaji baiskeli

tenis
tenisi

košarka
mpira wa kikapu

plivanje
kuogelea

boks
ndondi

hokej na ledu
magongo ya barafuni

fudbal
soka

bedminton
vinyoya

laka atletika
riadha

rukomet
mpira wa mikono

skijanje
skii

polo
polo

aktivnosti
shughuli

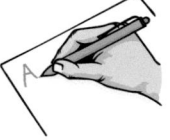

smijati se
cheka
skakati
kuruka
zagrliti
kumbatia
ići
kutembea
pjevati
kuimba
sanjati
ota ndoto
moliti
kuomba
ljubiti
busu

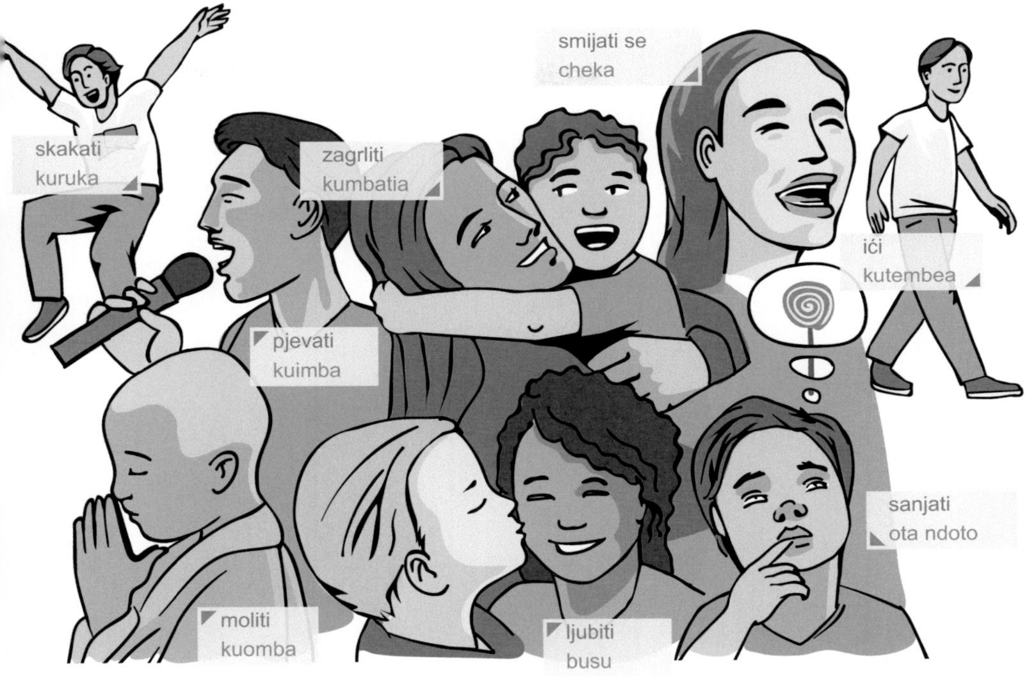

pisati

kuandika

crtati

kuteka

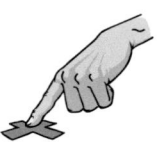

pokazati

angalia

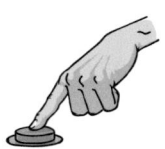

gurati

sukuma

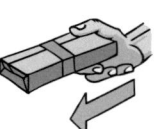

dati

kutoa

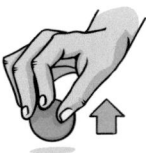

uzeti

kuchukua

imati

kuwa

raditi

fanya

biti

kuwa

stajati

kusimama

trčati

kukimbia

vući

vuta

baciti

kutupa

pasti

kuanguka

ležati

hadaa

čekati

kusubiri

nositi

kubeba

sjediti

kukaa

obući

vaa nguo

spavati

usingizi

probuditi

kuamka

pogledati

kuangalia

plakati

lia

milovati

kiharusi

češljati

chana nywele

govoriti

ongea

razumjeti

kuelewa

pitati

kuuliza

slušati

kusikiliza

piti

kunywa

jesti

kula

pospremiti

nadhifisha

voljeti

upendo

kuhati

mpishi

voziti

gari

letjeti

kuruka

jedriti

meli

računati

kokotoa

čitati

kusoma

učiti

kujifunza

raditi

kazi

vjenčavti

kuoa

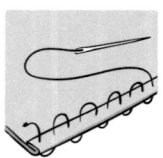

šiti

kushona

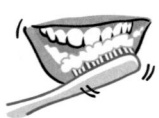

prati zube

piga mswaki

ubiti

kuua

pušiti

moshi

slati

kutuma

porodica
familia

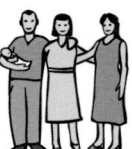

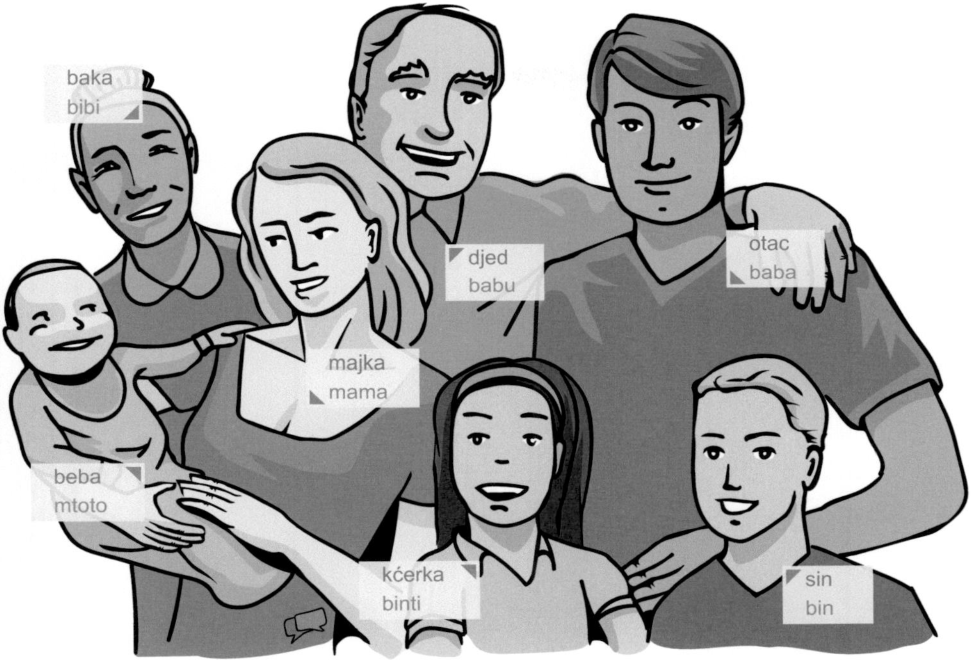
baka
bibi
djed
babu
otac
baba
majka
mama
beba
mtoto
kćerka
binti
sin
bin

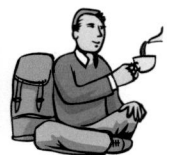

gost

mgeni

ujna, tetka, strina

shangazi

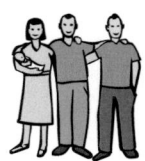

ujak, tetak, stric

mjomba

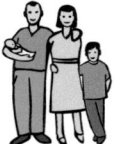

brat

kaka

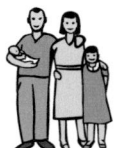

sestra

dada

tijelo
mwili

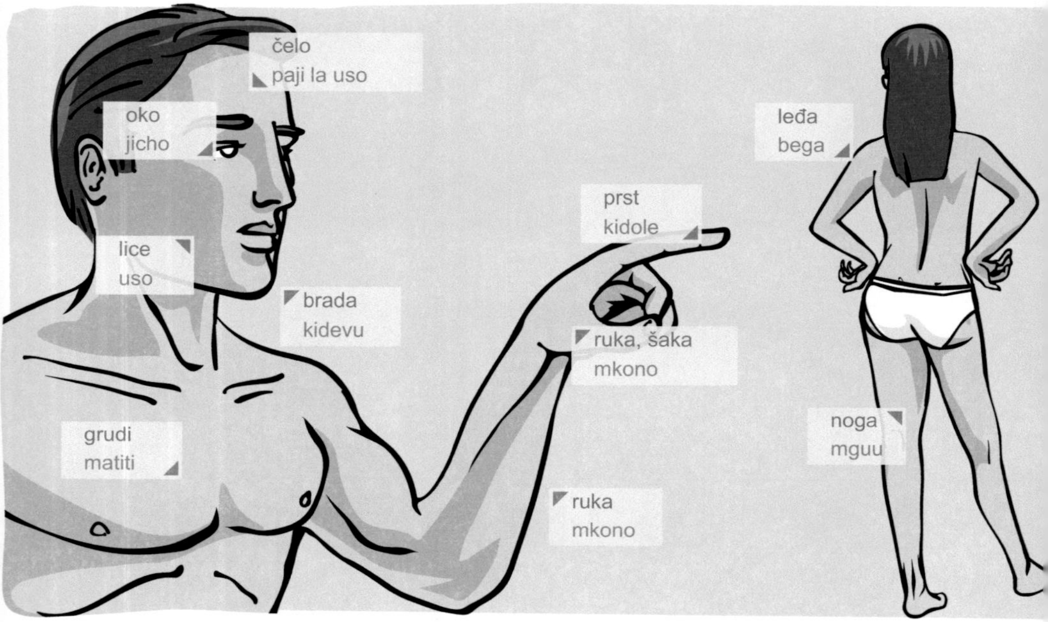

čelo
paji la uso

oko
jicho

prst
kidole

leđa
bega

lice
uso

brada
kidevu

ruka, šaka
mkono

grudi
matiti

noga
mguu

ruka
mkono

beba

mtoto

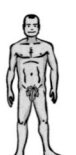

muškarac

mwanamume

žena

mwanamke

djevojčica

msichana

dječak

mvulana

glava

kichwa

68   tijelo - mwili

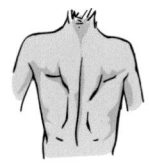

leđa

nyuma

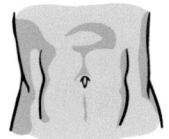

stomak

tumbo

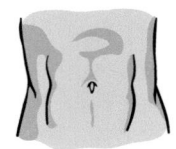

pupak

kitovu

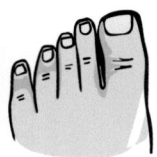

nožni prst

chano

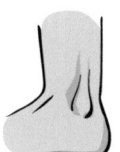

peta

kisigino

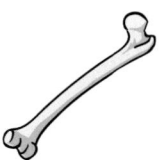

kosti

mfupa

kuk

nyonga

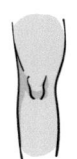

koljeno

goti

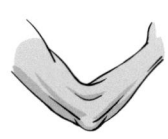

lakat

kiwiko

nos

pua

stražnjica

chini

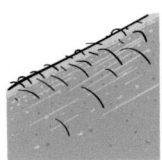

koža

ngozi

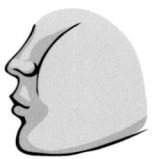

obraz

shavu

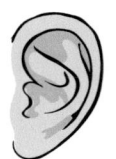

uho

sikio

usna

mdomo

usta

kinywa

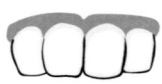

zub

jino

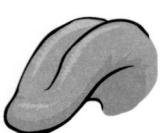

jezik

ulimi

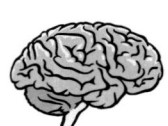

mozak

ubongo

srce

moyo

mišić

misuli

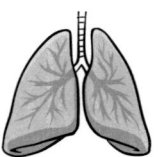

pluća

pafu

jetra

ini

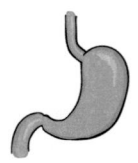

želudac

tumbo

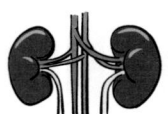

bubreg

figo

spolni odnos

jinsia

kondom

kondomu

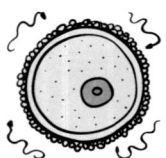

jajna ćelija

ovari

sperma

shahawa

trudnoća

mimba

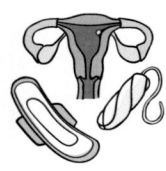

menstruacija

hedhi

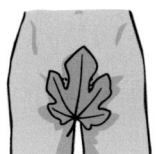

vagina

uke

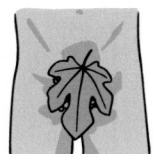

penis

uume

obrva

unyusi

kosa

nywele

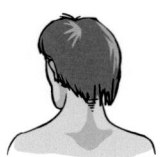

vrat

shingo

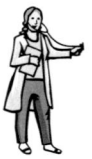

bolnica
hospitali

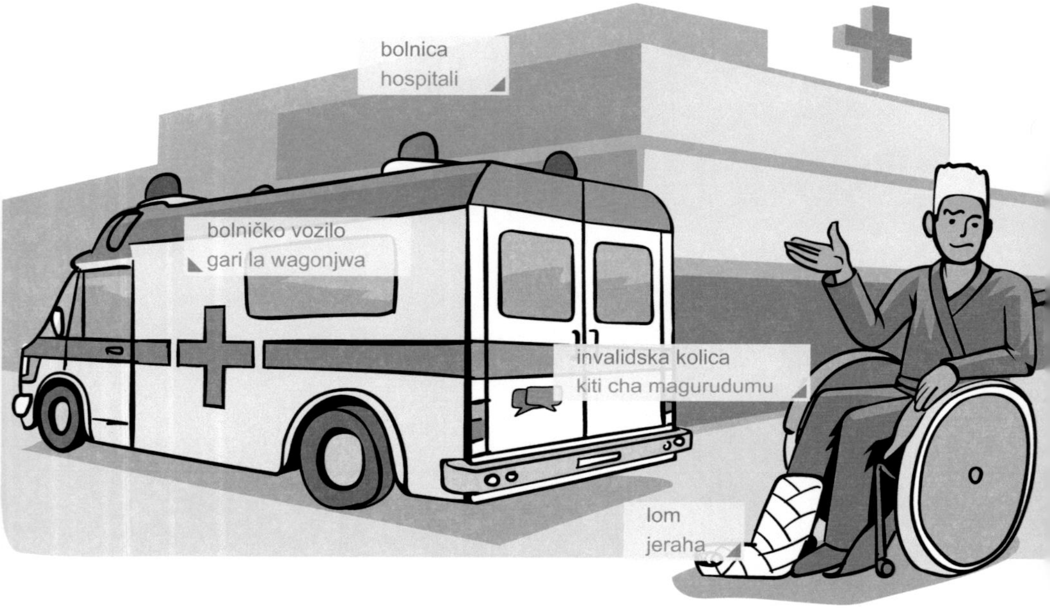

bolnica
hospitali
bolničko vozilo
gari la wagonjwa
invalidska kolica
kiti cha magurudumu
lom
jeraha

ljekar

daktari

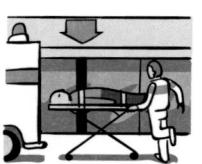

hitna služba

chumba cha dharura

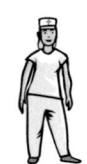

medicinska sestra

muuguzi

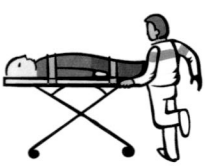

hitna pomoć

dharura

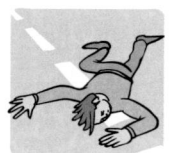

nesvjest

kupoteza fahamu

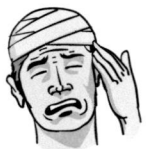

bol

maumivu

povreda

kuumia

krvarenje

kutokwa na damu

srčani udar, infarkt

mshtuko wa moyo

moždani udar

kiharusi

alergija

mzio

kašalj

kikohozi

groznica

homa

gripa

mafua

proljev

kuharisha

glavobolja

maumivu ya kichwa

rak

kansa

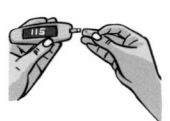

dijabetes

ugonjwa wa kisukari

hirurg

daktari mpasuaji

skalpel

kisu kidogo cha kupasulia

operacija

operesheni

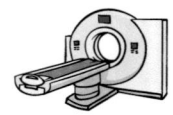

CT

picha changanufu ya mwili

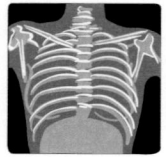

rendgen

Eksrei

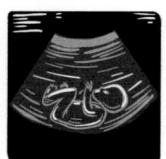

ultrazvuk

mawimbi sauti

maska

barakoa ya uso

bolest

ugonjwa

čekaonica

chumba cha kusubiri

štake

mkongojo

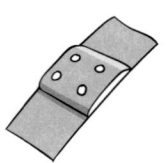

flaster

plasta

zavoj

bendeji

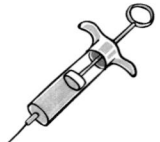

injekcija

sindano

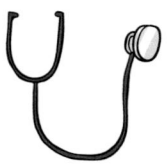

stetoskop

stetoskopu

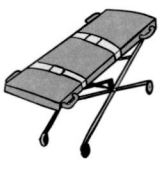

nosilo

machela

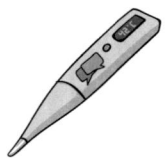

termometar

kipimajoto cha kliniki

porod

kuzaliwa

prekomjerna težina, debljina

unene kupita kiasi

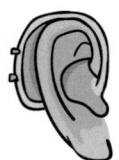

slušni aparat

kusikia misaada

sredstvo za dezinfekciju

kipukusi

infekcija

maambukizi

virus

virusi

HIV/ AIDS

VVU / UKIMWI

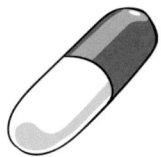

medicina

dawa

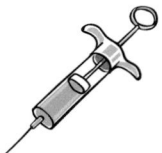

vakcinacija

chanjo

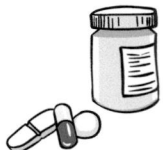

tablete

vidonge

pilula

kidonge

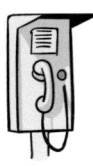

hitni poziv

simu ya dharura

aparat za mjerenje pritiska

haemodainamometa

bolestan / zdrav

mgonjwa / mwenye afya

Upomoć!

Msaada!

alarm

kengele

napad, prepad

pigo

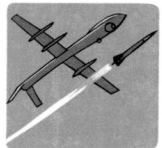

napad

shambulizi

opasnost

hatari

izlaz u slučaju opasnosti

lango la dharura

Požar!

Moto!

vatrogasni aparat

kizima moto

nezgoda

ajali

torba prve pomoći

vifaa vya huduma ya kwanza

SOS

wito wa msaada

policija

polisi

Europa

Ulaya

Sjeverna Amerika

Amerika ya Kaskazini

Južna Amerika

Amerika ya Kusini

Afrika

Afrika

Azija

Asia

Australija

Australia

Atlantik

Atlantiki

Pacifik

Pasifiki

Indijski okean

Bahari ya Hindi

Antarktički okean

Bahari ya Antaktiki

Arktički okean

Bahari ya Aktiki

Sjeverni pol

Ncha ya Kaskazini

Južni pol

Ncha ya Kusini

Antarktik

Antaktika

Zemlja

dunia

zemlja

nchi

more

bahari

ostrvo

kisiwa

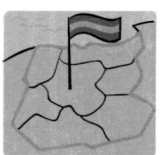

nacija

taifa

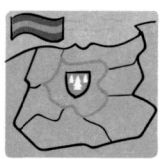

država

jimbo

brojčanik sata

uso wa saa

kazaljka sata

akrabu ya saa

kazaljka minute

akrabu ya dakika

kazaljka sekunde

akrabu ya sekunde

Koliko je sati?

Ni saa ngapi?

dan

siku

vrijeme

wakati

sada

sasa

digitalni sat

saa ya dijitali

minuta

dakika

sat

saa

sedmica, nedjelja

wiki

ponedjeljak
Jumatatu

MO

TU

utorak
Jumanne

srijeda
Jumatano

W

TH

subota
Jumamosi

četvrtak
Alhamisi

petak
Ijumaa

FR

SA

SO

nedjelja
Jumapili

juče
jana

danas
leo

sutra
kesho

jutro
asubuhi

podne
saa sita mchana

veče
jioni

radni dani
siku za biashara

vikend
mwishoni mwa wiki

kiša
mvua

duga
upinde wa mvua

snijeg
theluji

vjetar
upepo

proljeće
majira ya machipuko

jesen
vuli

ljeto
kiangazi

zima
majira ya baridi

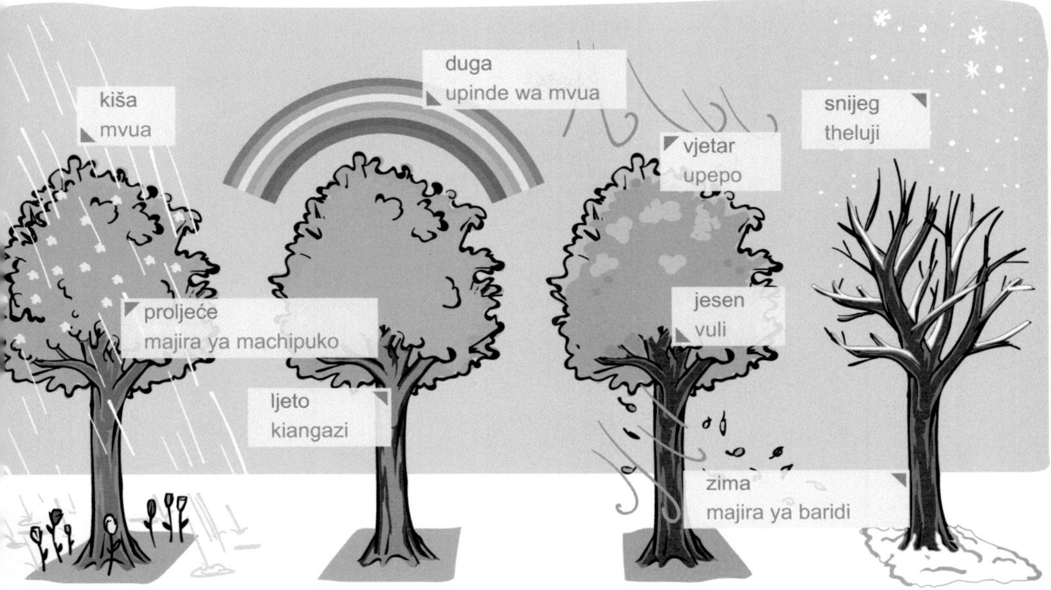

prognoza vremena

utabiri wa hali ya hewa

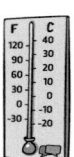

termometar

kipimajoto

sunčev sjaj

mwanga wa jua

oblak

wingu

magla

ukungu

vlažnost vazduha

unyevu

munja

umeme

grom

radi

oluja

dhoruba

tuča, led

mvua ya mawe

monsun

monsuni

poplava

mafuriko

led

barafu

januar

Januari

februar

Februari

mart

Machi

april

Aprili

maj

Mei

juni

Juni

juli

Julai

avgust

Agosti

septembar

Septemba

oktobar

Oktoba

novembar

Novemba

decembar

Desemba

oblici

maumbo

krug

mduara

kvadrat

mraba

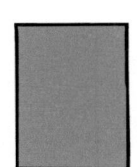

pravougao

mstatili

trougao

pembetatu

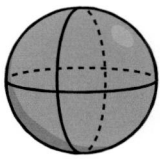

kugla

nyanja

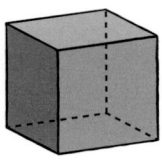

kocka

mchemraba

bjel

nyeupe

žut

manjano

narandžast

chungwa

pink

rangi ya waridi

crven

nyekundu

ljubičast

hudhurungi

plav

bluu

zelen

kijani

smeđ

hanja

siv

jivujivu

crn

nyeusi

malo / mnogo

mengi / kidogo

ljutit / miran

hasira / pole

lijep / ružan

nzuri / mbaya

početak / kraj

mwanzo / mwisho

veliki / mali

kubwa / ndogo

svijetlo / tamno

angavu / giza

brat / sestra

kaka / dada

čist / prljav

safi / chafu

potpun / nepotpun

kamilika / tokamilika

dan / noć

siku / usiku

mrtav / živ

wafu / hai

široko / usko

pana / nyembamba

ukusno / neukusno

kulika / kutolika

zao / prijatan

ovu / ema

uzbuđen / dosadan

sisimkwa / udhika

debeo / mršav

nene / nyembamba

najprije / najkasnije

kwanza / mwisho

prijatelj / neprijatelj

rafiki / adui

pun / prazan

jaa / tupu

trvd / mekan

ngumu / laini

težak / lagan

nzito / nyepesi

glad / žeđ

njaa / kiu

bolestan / zdrav

mgonjwa / mwenye afya

ilegalan / legalan

haramu / kisheria

inteligentan / glup

akili / kijinga

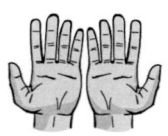

lijevo / desno

kushoto / kulia

blizu / daleko

karibu / mbali

nov / polovan

mpya / kutumika

ništa / nešto

kitu / jambo

star / mlad

zee / changa

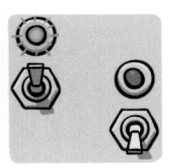

uključeno / isključeno

waka / zima

otvoreno / zatvoreno

wazi / fungwa

tiho / glasno

utulivu / kelele

bogat / siromašan

tajiri / masikini

tačno / pogrešno

sahihi / kosa

hrapav / glatak

mbaya / laini

tužan / srećan

huzunika / furahia

kratak / dug

fupi /ndefu

spor / brz

polepole / haraka

mokro / suho

nyevu / kavu

toplo / hladno

joto / baridi

rat / mir

vita / amani

brojevi
nambari

0
nula
sufuri

1
jedan
moja

2
dva
mbili

3
tri
tatu

4
četiri
nne

5
pet
tano

6
šest
sita

7
sedam
saba

8
osam
nane

9
devet
tisa

10
deset
kumi

11
jedanaest
kumi na moja

12
dvanaest
kumi na mbili

13
trinaest
kumi na tatu

14
četrnaest
kumi na nne

15
petnaest
kumi na tano

16
šesnaest
kumi na sita

17
sedamnaest
kumi na saba

18
osamnaest
kumi na nane

19
devetnaest
kumi na tisa

20
dvadeset
ishirini

100
sto
mia

1.000
hiljada
elfu

1.000.000
milion
milioni

engleski

Kiingereza

američki engleski

Kiingereza cha Marekani

kinesko mandarinski

Kimandarini cha Uchina

hindi

Kihindi

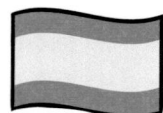

španski

Kihispania

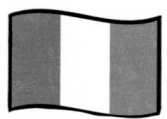

francuski

Kifaransa

arapski

Kiarabu

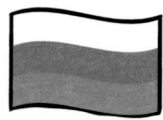

ruski

Kirusi

portugalski

Kireno

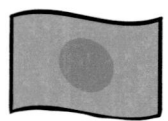

bengalski

Kibengali

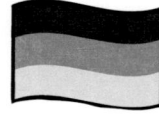

njemački

Kijerumani

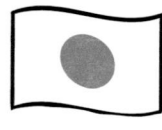

japanski

Kijapani

ja

mimi

ti

wewe

on / ona / ono

yeye / yeye / ni

mi

sisi

vi

wewe

oni

wao

ko?

nani?

šta?

nini?

kako?

jinsi gani?

gdje?

wapi?

kada?

lini?

HELLO, I AM

ime

jina

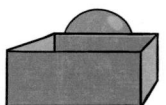

iza

nyuma

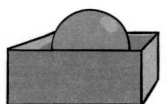

u

katika

pred

mbele ya

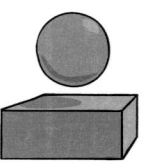

iznad

juu ya

.na

kwenye

ispod

chini ya

pored

kando

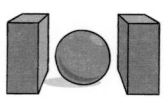

između

kati

mjesto

mahali